DE
LA VÉRITABLE ÉGALITÉ,

PAR

M. DE MAISIÈRES.

PRIX : 25 CENTIMES.

NEVERS,

Imprimerie de I.-M. Fay, rue des Ardilliers.

1848.

DE LA

VÉRITABLE ÉGALITÉ.

———————❦————————

De toutes les chimères dont on abuse depuis cinquante ans, pour tromper, asservir et maîtriser le peuple, la chimère absurde d'une *égalité parfaite* est celle que la nation française, toujours si légère, si crédule, si *passionnable*, a saisie et embrassée avec le plus d'ardeur.

Les ambitieux obscurs, si nombreux qu'ils soient dans les régions inférieures de la société, depuis qu'une sorte d'instruction superficielle y est descendue, s'en sont servi avec un art perfide et une merveilleuse facilité pour conquérir une popularité folle, et avec elle, on le pense bien, les emplois, les honneurs, quelquefois même le souverain pouvoir !

Nation aimable et spirituelle que nous sommes, mais vaniteuse, chacun de nous est on ne peut plus prédisposé à la domination ; toute supériorité d'autrui nous blesse ; et nous justifions cette mordante raillerie de Rivarol, qui se plaisait à dire que nous étions une république d'*altesses royales*, et ajoutait, en s'amusant de nos ridicules : « Flattez-les, cajolez-les, vous en ferez tout ce que vous

» voudrez; vous les ferez passer du blanc au noir dans
» vingt-quatre heures.... »

C'est ainsi que nous connaissant bien aussi, tous les
fripons qui ont voulu se servir de nous-mêmes pour nous
asservir, ont prélude à leurs œuvres funestes par nous
jeter aux yeux tout ce qui pouvait flatter notre amour-
propre irréfléchi.

C'est ainsi qu'avec le mot magique d'*égalité,* on a ému
les classes inférieures.

C'est ainsi qu'avec ce jouet tout au plus digne d'amu-
ser des enfants, on a su soulever des masses, puis leur
forger des chaînes, les garrotter et les accabler de plus en
plus......

On a parlé de *liberté,* mot vague et vide de réalité,
mais de la *vraie liberté,* on en a fait bon marché; le mot
seul nous suffit. Car, ainsi que le dit Bossuet, « quand une
» fois on a trouvé le moyen de prendre la multitude par
» l'appât de la liberté, elle suit en aveugle, pourvu
» qu'elle en entende seulement le nom. »

On nous a encore offert, comme une réalité incontes-
ble, la *fraternité,* fraternité séduisante sans doute, mais
si douteuse pourtant, que sa rareté même est devenue
proverbiale, et que dès-lors il n'est personne de sincère
et de sensé qui n'en rie.

La *fraternité* parmi les hommes ! mais où fût-elle jamais, puisqu'on la rencontre à peine dans les familles les
plus unies? Je l'ai dit dans une brochure précédente, depuis Caën jusqu'à nous, la fraternité n'a été une vérité
que dans l'évangile du Christ !

Pour ce qui est de l'*égalité,* c'est bien différent; cette
dernière personne de notre trinité républicaine est bien
reçue partout, chacun en veut très-sincèrement; non pas

en regardant en bas, mais en regardant en haut ; non pas pour descendre au niveau de tels et tels, que vaniteusement et très-peu républicainement on a toujours traités en inférieurs, mais au contraire, pour faire descendre jusqu'à son propre niveau tout ce qui paraît être un peu plus élevé. Voilà tout le secret, tout le mystère qui sert à couvrir la vérité sur ce point. Chacun vante à qui mieux mieux les avantages et les agréments de l'égalité ; il n'est homme d'état, orateur, poète, publiciste, gens en général assez peu véridiques et désintéressés, qui n'en fassent un pompeux et brillant éloge, et en même temps, il n'en est pas un qui songe à la mettre en pratique.

Mais, chose singulière, bien triste et bien étrange ! il n'est paysans, mercenaires et malheureux sans pain et sans asile, ni infortunés, souvent bien plus heureux que nous, qui ne se prennent d'amour pour cette divinité fantastique, qui ne la saluent comme l'aurore d'un beau jour, comme une réalité bienheureuse, alors même, hélas ! que, tout autour d'eux, tout concourt à leur démontrer le néant, la vanité de leur illusion, et combien est mensongère et vide de sens la magnifique théorie qu'on leur a jetée aux yeux, comme une poudre d'or que le vent a emportée. Cependant l'expérience terrible qu'ont faite nos pères, dès 89 jusqu'à 1804, dès 1830 jusqu'à 1848, devrait revivre dans notre souvenir.

Prêt à tomber comme un vaste monument, le colosse impérial s'écria dans un jour de convulsion : « On apprendra ce que coûte la chute d'un grand homme ! » Nous pouvons dire, avec non moins de vérité, que la France apprend par une expérience nouvelle ce que lui coûte l'oubli et le renversement de son grand principe fondamental.

Les hommes de 89 nous valaient bien, certes; ils ont fait de grandes et de mauvaises choses; ceux de 1830, qu'ont-ils fait, si ce n'est de détruire?... Et pourtant ces hommes si différents ont été, comme ceux d'aujourd'hui, portés en triomphe par un peuple léger et frivole, qui passe incessamment de ses émotions guerrières à des adorations passionnées.

On a porté aux nues la renommée des *sauveurs de la patrie* de ces trois époques funestes, on a prié pour eux dans nos temples, on leur a élevé des statues sur nos places publiques; et, le rappellerai-je, le buste même de l'atroce Marat fut intronisé au foyer du théâtre de la République, où bientôt il fut chargé de couronnes civiques! Des noms hideux furent gravés sur le marbre, et quelques-unes de nos villes les reçurent comme en un nouveau baptême.

Et que nous reste-t-il présentement de ces farces ignobles et de ces orgies sanglantes? Rien! Si ce n'est cette trop affreuse réalité:

Le malheur du peuple....

La misère du peuple....

La colère du peuple....

L'égarement du peuple....

Qui, quelque jour, se vengera des histrions, des jongleurs, des saltimbanques qui l'ont abusé, qui l'ont sacrifié, et qui peut-être aujourd'hui même se disposent à partager ou à jouer en un coup de dé sa dernière dépouille, ainsi qu'il fut fait par les soldats de Pilate, après le sacrifice du Juste.

Tout ce que je dis ici avec une hardiesse qu'on trouvera peut-être téméraire, je le dis ayant une main sur la conscience et l'autre sur le livre de l'histoire; pas une voix n'osera s'élever pour me contredire. Hé bien! il faut le redire encore : tout ce bruit, tout ce mouvement, tous ces faits déplorables ont eu pour moteur un vain mot, le mot *égalité!* Tout a été fait sous le charme d'une utopie grossièrement proposée par des empiriques empoisonneurs, apôtres cyniques d'un libéralisme perfide.

Ces hommes tarés, déshonorés, se sont remués dans leur fange, d'où sont sorties des exhalaisons putrides, dissolvantes et mortelles; entassant mensonges sur mensonges, victimes sur victimes, marchant, marchant toujours, sans repos, sans relâche, ne reculant devant aucun danger, ne s'arrêtant devant aucun crime! Tels ces animaux funestes que la rage met en mouvement, que la terreur précède, que la mort suit de près et qui ne s'arrêtent enfin que quand la mort les saisit eux-mêmes, les fait expirer et se débattre encore sur leurs victimes.

Après avoir mis sous vos yeux ce tableau malheureusement trop fidèle de nos misères passées et actuelles qui se confondent, je vous le demanderai, peuple infortuné, peuple crédule, volage et toujours abusé, quelle égalité ose-t-on encore vous vanter, quelle égalité oserez-vous encore ambitionner?

Est-ce l'*égalité physique, corporelle?*.... La nature vous la refuse : il y a et il y aura toujours des hommes robustes et des hommes infirmes; ceux-là écraseront ceux-ci, si les lois divines et humaines n'enchaînent leur fureur, sans égard pour la fraternité qu'on vous vante.

Est-ce l'*égalité intellectuelle?* La nature encore vous la refuse : car, vous le savez bien, tel homme est doué d'une intelligence supérieure, tel autre, plus heureux peut-être, n'a reçu qu'une moindre part de capacité; l'homme de génie montera, s'élèvera, dominera orgueilleusement le faible, [si quelque barrière ne l'arrête, et certes cette barrière ne sera pas la fraternité!

Est-ce l'*égalité de fortune?*... Eh! quoi! pauvre paysan qui habite une chaumière, ouvrier de la cité qui va t'accroupir dans quelque grenier pour y dormir à la fin du jour, rêves-tu la fortune des grands de la terre, convoites-tu l'éclat qui les environne, ambitionnes-tu leurs misères somptueuses!... Ah! si tu as ce malheur, je te plains. Apprends-le donc, on ne devient point riche en un jour! Mais, travaille, sois économe, évite les lieux de dépense et de débauche et tu deviendras riche! Non pas riche pour commander à d'autres, non pas riche pour te plonger dans la mollesse, non pas riche pour promener tes loisirs et tes ennuis dans d'opulentes voitures, non pas riche pour te donner des plaisirs nouveaux et dépravés! mais riche de cette aisance, de ce facile bien-être qui peuvent assurer ton avenir contre la misère.

Je ne connais pas un homme du peuple qui ne puisse arriver là en peu d'années....

Est-ce l'*égalité de fortune....* Je ne la vois nulle part. Donc elle est impossible; elle n'existe ni parmi les grands, ni parmi les petits; elle n'existe ni dans les nations civilisées, ni parmi les sauvages; à Lacédémone même elle n'exista pas; d'anciens sages la rêvèrent, de nouveaux sages la rêvent encore, c'est une chose impossible: impossible, parce qu'elle n'est pas dans la nature, parce que Dieu ne l'a pas faite, parce que, oserai-je le dire, Dieu lui-même ne l'aurait pu établir, ayant créé l'homme tel qu'il est.

Comment concevoir en effet l'*égalité de fortune?* Ici je vois un père de famille laborieux, rangé, économe, intelligent; celui-là amasse. Son trésor est petit d'abord, puis il augmente, ses enfants lui viennent en aide, il acquiert, il construit; le voilà riche après vingt années de labeurs et de soins assidus. Là, j'aperçois un autre travailleur, sa journée est faite.... Il en reçoit le prix, il court à la taverne et absorbe tout en quelques heures! Ses jours, ses années, sa vie, se passent ainsi. Son gîte est un antre sauvage, à peine y voit-on quelque paille qui puisse recevoir femme et enfants manquant de pain et de vêtements. Cependant la mort frappe ces deux hommes. Eh! qu'entends-je? Un *communiste* qui s'écrie : « Partagez entre vous tous... » Tel est le système nouveau qu'on vous propose, qu'on vous vante. Est-il besoin d'en faire sentir autrement la monstrueuse iniquité! Et pourtant c'est en s'appuyant sur d'aussi absurdes théories que des esprits de travers, des philosophes de carrefours, des législateurs de clubs, se créent une popularité, se font décerner des couronnes civiques, se font proclamer les amis du peuple, les amis du pauvre : amis non moins perfides, non moins féroces que le fut cet autre ami du peuple, Marat!.... d'exécrable mémoire !!!...

Poursuivons : Serait-ce seulement *l'égalité sociale* que vous réclameriez? Mais vous l'aviez déjà, vous en jouissiez sous l'usurpateur Philippe, ce roi de votre choix, qui devait être, selon l'expression de M. de Lafayette, *la meilleure des Républiques;* vous en jouissiez non moins, si ce n'est davantage, sous le sceptre de Charles X, sous le règne de Louis XVIII, et, nous le disons aussi pour être juste, sous la domination de Napoléon.

Quoi! s'écrie la foule abusée... nous jouissions de l'égalité sociale sous le règne de Charles X! Oui, certes, et les preuves ne manqueront pas pour rendre évidente et palpable cette étonnante vérité. Sous le sceptre de nos rois, successeurs de Charles-le-Sage, de Charles-le-Victorieux, de Louis XI, l'ami du peuple, qui abattit la féodalité ; de Louis XII, le père du peuple ; de ce Henri-le-Grand, dont vous adorez la mémoire ; de Louis XIV, qui a porté si haut et si loin le nom français ; de cet autre Louis qui fût proclamé *le Restaurateur de la liberté*, et qui depuis!..... Oui, disons-le avec fermeté, en-face de la République, si fière qu'elle ose se dire, sous le sceptre du successeur légitime de tant de rois si justement aimés et admirés, sous le sceptre de Charles X, le peuple a joui d'une *égalité réelle, raisonnable, suffisante, complète...*

A cette époque qui n'a pas été sans gloire pour la France, à cette époque où le commerce était si florissant, à cette époque où la liberté de la presse était si large, qu'on pouvait impunément en abuser, soit qu'on attaquât le gouvernement dans la personne de ses fonctionnaires les plus élevés, soit que la calomnie et les insinuations les plus fausses et les plus perfides fussent dirigées contre la personne du roi, le peuple jouissait, je le répète, d'une égalité véritable et réelle.

A cette époque, nous étions, non égaux en fortune pas plus qu'aujourd'hui, non égaux en dignité pas plus qu'aujourd'hui, non égaux en savoir, en intelligence, pas plus qu'aujourd'hui, non égaux en illustration pas plus qu'aujourd'hui ! mais égaux comme on doit l'être : égaux devant la loi comme devant Dieu...; égaux dans la rue, égaux devant la justice, égaux en présence des magistrats qui condamnaient le grand seigneur et donnaient gain de cause au bourgeois, au plus pauvre paysan ; égaux dans nos armées, où le plébéien parvenait à tous les grades ; égaux dans l'ordre judiciaire, qui fourmillait de magistrats sortis du peuple ; égaux dans les administrations, toutes envahies par la bourgeoisie ; égaux devant le jury, qui, vous le savez bien, frappait de mort ou envoyait aux galères, pêle-mêle, l'homme obscur, le prêtre ou le noble... ;

Egaux dans l'église, où nous avons vu tant d'illustrations épiscopales sorties de chez l'artisan ou de la maisonnette du laboureur.

En était-ce là de l'égalité! vous en étiez rassasié de ce mets si doux à la vanité, si suave au cœur de ces hommes mêmes qui se respectent assez peu pour rougir de la condition où il a plu à la Providence de les placer : comme si un homme de petite taille devait rougir à l'aspect d'un homme élevé en stature, comme si un aveugle devait avoir honte de la cécité, comme si l'homme atteint d'une infirmité quelconque devait se cacher à la vue de celui qui, plus heureux, jouit de toutes les perfections corporelles ! Ah, si tel devait être l'homme, que serait-il, où irait-il, que deviendrait-il? Ce serait un monstre, la nature le renierait, Dieu ne l'aurait point fait à son image.

Poursuivons : faisons une recherche attentive, minutieuse; voyons si par ailleurs le législateur royal s'était écarté de la justice qu'il devait à tous...

L'état, fût-il royal ou républicain, a toujours eu besoin de subsides; on est d'accord là-dessus, aujourd'hui surtout je pense.

La République et l'Empire ayant donc établi un mode d'impôts qui frappait toutes les propriétés indistinctement,

Sous nos rois, Louis XVIII et Charles X, les choses restèrent en cet état;

L'égalité resta entière; il ne fût duc ni marquis qui songeassent à faire revivre aucun des anciens priviléges, auxquels d'ailleurs de son propre mouvement la noblesse avait renoncé dès les premiers jours de la révolution, et bien avant qu'on eût osé lui demander ce sacrifice.

Le château du noble resta donc imposé... le champ ;
le pré, le bois du noble restèrent imposés.

Son mobilier fut imposé...

Sa personne même, franche jusqu'alors, fût imposée ;
ses aïeux en rougirent-ils ? Je ne sais ! Mais ce que personne
n'ignore, c'est qu'aucune réclamation ne s'éleva, et que
la cote mobilière, personnelle, foncière fut payée par
chacun... Si la chaumière du villageois fut taxée à 1 fr.,
l'habitation du gentilhomme ou du riche, fût-il noble ou
non, le fut à une somme souvent 50 et 100 fois plus forte.

Celui qui avait peu paya peu, celui qui avait beaucoup
paya beaucoup. — N'était-ce pas là de l'égalité ? Quoi de
plus juste que cette taxe proportionnelle qui atteignait
tout le monde, quoi de plus équitable que cette loi géné-
rale qui ne s'enquérait point de votre position sociale,
qui ne vous demandait point qui vous étiez, mais seulement
combien vous pouviez donner ; qui vous imposait selon
vos facultés, fussiez-vous gentilhomme, dignitaire, bourgeois, artisan ou simple paysan ? Des yeux de lynx pour-
raient-ils découvrir en cet état de choses quelque erreur
qui blessât la raison, la justice, et qui ne fût en harmonie
avec les principes les plus rigoureux *de la plus parfaite
égalité*?... Peuple plein de sens et de droiture, quand on
ne vous abuse point par de vaines déclamations, par de
mensongères promesses, dites-le vous-même, les choses
qui étaient ainsi faites, qui étaient ainsi exécutées sous le
règne de ce Charles X tant calomnié, comme sous le
règne de l'empereur, n'étaient-elles pas justes et ration-
nelles ? Songiez-vous à vous en plaindre ? les nobles ont-
ils une seule fois élevé la voix pour protester ?... Non...
chacun paya sans arrière-pensée comme sans regret.

Et voilà l'*égalité* que nous avions tous, et voilà l'*égalité* que nous avons perdue, et voilà l'*égalité* véritable et sincère, réelle et bienheureuse, que des démagogues, des insensés, des fous, des ambitieux, des loups affamés, pasteurs perfides et funestes, prêts à dévorer le troupeau, nous ont enlevée, pour substituer à cette heureuse réalité je ne sais quelles fictions de bonheur, quelle *égalité sauvage* qui n'existe et n'exista jamais chez aucun peuple !

Qu'on ne s'y trompe pas, toutefois, la faction qui veut dominer la France, et qui déjà la déchire de ses ongles de fer, est petite quant au nombre, mais gigantesque quant à l'énergie. Les républicains de la veille étaient rares dans nos villes ; dans nos campagnes il n'en existait pas.

Sur une population de 18,000 âmes, j'ai compté sept de ces républicains ; c'étaient gens sincères, je veux le croire, théoriciens hardis, philosophes et patriotes à la manière de Condorcet, admirant pêle-mêle Camille Desmoulins et Saint-Just, Danton et Robespierre aussi, ce bon monsieur de Robespierre !... Carrière et Marat lui-même... Marat, cet autre ami du peuple ! gens sincères, je le répète, rêvant une République idéale, une République de frères et d'amis, une République platonique, une République de programme, qui devait filer des jours de soie et d'or, et faire promener dans nos campagnes fortunées des bœufs aux cornes dorées, des chœurs de jeunes filles, en compagnie de joueurs de flûtes, suivis d'une immense procession de nos laboureurs devenus oisifs et dès-lors heureux !! Ah ! si cette République pastorale pouvait être autre chose qu'une fiction, certes, le bonheur serait descendu du ciel sur la terre ; mais, que vois-je ! voici venir une cohue toujours grossissante de républicains *du lendemain*, se précipitant sur les pas de ces hommes, les poussant, les pressant, les excitant, les gourmandant, leur demandant des places, des préférences, du pouvoir, des honneurs, de l'or, des biens.... Ces républicains nouveaux, croyez-le bien, ne sont point sincères : prêts à se jeter sur toutes les proies, prêts à obéir à toutes les mauvaises impulsions, prêts à commettre tous les excès, la voie qu'ils suivront de préférence sera toujours fangeuse et sanglante ! Vous les avez entendus dans les clubs, vous les avez vus sur les places publiques, tels ils sont ici, tels ils sont partout, tels il sont à Paris surtout.

Honnêtes gens de toutes les conditions, ne vous mêlez point à ces hommes, mais suivez-les de l'œil et de loin. Gardes nationales si courageuses et si disciplinées, tenez-vous prêtes et défiantes surtout, car tôt ou tard il faudra réprimer leurs derniers excès.

Déjà l'un de leurs chefs se pose en Robespierre, proclamant, avec la déclaration *des Droits de l'homme*, le nom abhoré de ce monstre, de cette panthère sanglante et insatiable de carnage... Où allons-nous donc, où plutôt où sommes-nous déjà ?

Nos députés réunis enfin en Assemblée nationale et souveraine nous l'apprendront bientôt.

Cet écrit, faisant suite à la brochure : *la France, les Élections, l'Assemblée nationale* (1), que j'ai publiée

(1) Se vend 15 centimes chez tous les libraires.

lors des élections, a pour objet de répandre et proclamer parmi le peuple des vérités trop généralement ignorées.

J'engage les honnêtes gens à me seconder dans cette œuvre.

Le moment est venu d'ouvrir les yeux, d'agir en pleine lumière, et de travailler à dissiper des préventions et des erreurs qui ont été si funestes.

13

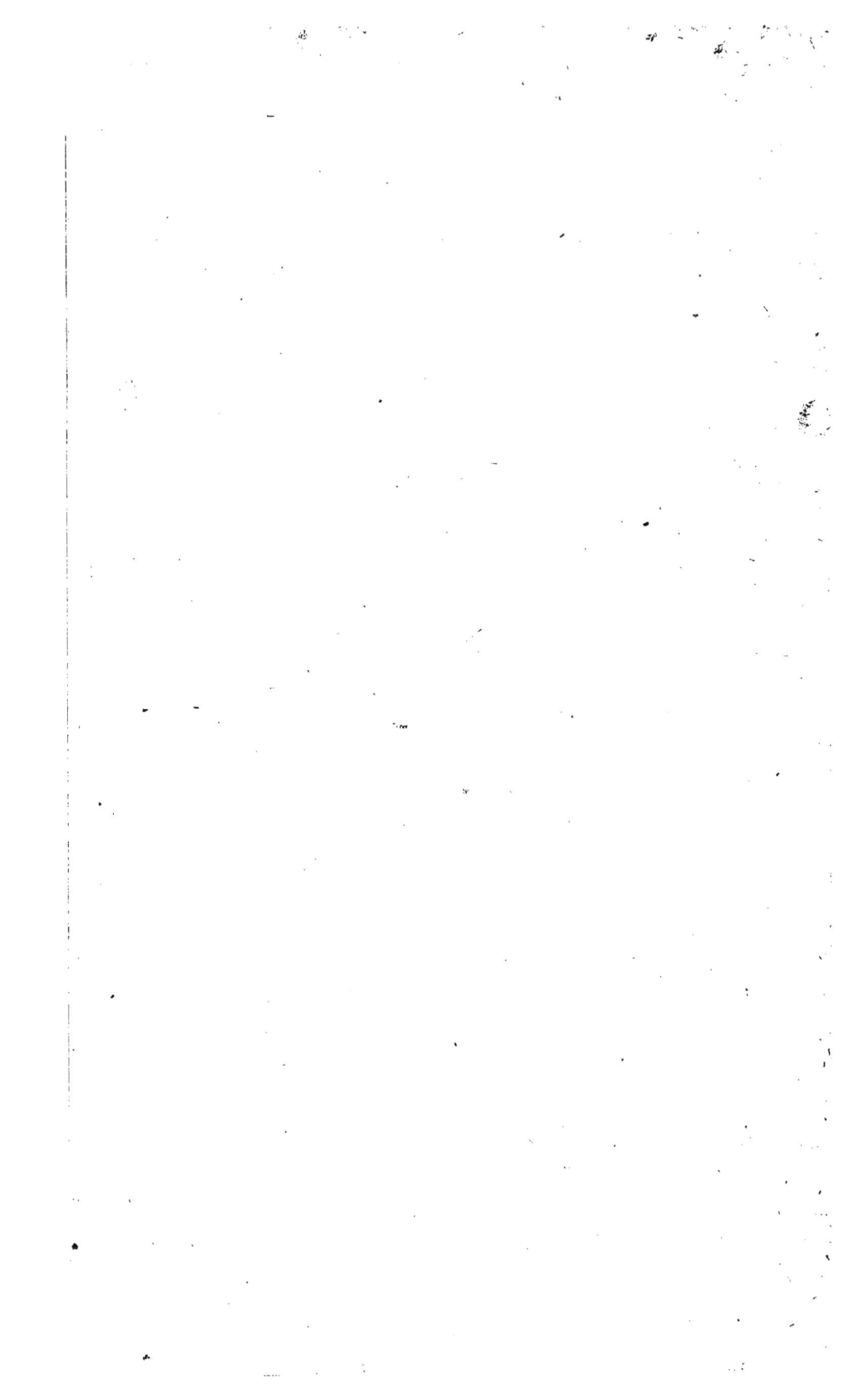

www.ingramcontent.com/pod-product-compliance
Lightning Source LLC
Chambersburg PA
CBHW061809040426
42447CB00011B/2562